うつわや料理帖

あらかわゆきこ
写真／梶 洋哉

Rutles

はじめに

「食べることが好き」がまずあって、始めた店「うつわや」は、東京郊外、仙川に長く在り、代々木上原駅近くに転居して、この秋、満二五周年を迎えることが出来ました。

店というのは「この指止まれ」と、いつも指を掲げているようなものだと思います。

食べることが好き、料理が好き、お酒が好き、花が好きという、店主の好みとどこか重なり合い、「この指」に止まって下さった方々との交友録は、店の歴史と共に増えて行きました。

そして気がつけば私の料理帖には、お客さまに伺った、百を超えるレシピが記録されておりました。

料理は時代をよく映し、伝えられるもの、また、伝えて行くものだと思います。
少し大仰な言い方ですが、そうした伝え継ぐ流れのほんの一端でも担えたら、と、「うつわや」に行き交う人々の短い紹介と合わせ、一冊にまとめてみました。

この本に載せた料理は、ごく簡単に出来、材料が一般的で、もちろんおいしく、気の利いた品を選びました。私にレシピを教えて下さった方々も、その元は本であったり、どなたかに習ったのかもしれません。けれどここでは、私に直接、教えて下さった方の、名前を出させていただきました。

おいしい料理が人から人へ伝わるのはすてきです。
それぞれの好みや工夫で、少しずつ様変わりして行くのも楽しい。
この本のレシピもそんな風に、多くの方に広がって行けたらと、そんなことを願っています。

もくじ

酒の友たち

ごちそう後のごはんなど

手軽な漬けもの

ちょっと一品

皿数の多い食卓はうれしいものです。
少しの工夫と手間で、主菜を引き立て、
心もはずませる一品をどうぞ。

蓮根の炒めもの二通り

教えてくれた人／名取實枝子

和の素材をイタリア生まれの酢で味付けした妙味は「うつわや」の客、名取さんから教わりました。

大家族の世話のほか、若いお嬢さんたちに料理を教えるなど、パワフルな人は、華奢で心やさしい、暮らし上手。

もう一つの炒めものは自己流です。

蓮根のきんぴらに飽きたので、塩味にしたところ思いがけないおいしさでした。

作り方／蓮根と百合根のバルサミコ酢炒め

1 蓮根は皮をむき、小さめの乱切りにする。
2 百合根は一片ずつにはがし、傷んだところは削っておく。
3 フライパンにオリーブ油を入れ、蓮根と百合根を入れてよく炒め、しょうゆとバルサミコ酢をかけて、よく混ぜてから火を止める。

☆簡単で気の利いた一品。熱々もいいけれど、冷めてからもおいしい。

作り方／蓮根の塩炒め

1 蓮根は皮をむき、一口大の乱切りにする。
2 フライパンに油を熱し、1を入れて蓮根の角が焦げるくらいまで炒め、酒をふり、塩とこしょうで味を整える。

☆太白ごま油（白）がなければ、サラダ油に1〜2滴、ごま油をたらしてもいい。

器／写真手前　色絵南京玉文深皿（口径13.5センチ）中尾郁夫作
写真奥　染付苺文楕円皿（長径16センチ）岩永 浩作

蓮根と百合根のバルサミコ酢炒め
材料（4人分）
蓮根　小1本
百合根　1個
しょうゆ　小さじ1
バルサミコ酢　小さじ2
オリーブ油　適宜

蓮根の塩炒め
材料（4人分）
蓮根　小1本
日本酒　小さじ2
塩　少々
こしょう　適宜
太白ごま油（白）　適宜

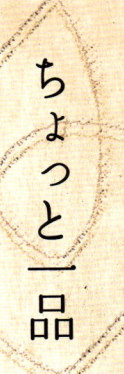

菊、ほうれん草、海苔の和えもの

教えてくれた人／田中隆

東京郊外、東村山にあるおいしい和食の店、「おまかせ料理 田中」。

ご主人の田中隆さんと私は、各々が互いの店の客でもあります。気のいい方で、たずねると何でも教えて下さる。

ここで味わい、私にも出来そう、と思った小鉢もの。

菊のゆで方の貴重なアドバイスもいただいて、作ってみました。

季節感あふれる一品です。

作り方

1 Aを煮立たせた後、削りかつおを入れて、漉してさましておく。

2 ほうれん草はゆでて、水にさらし、3センチくらいに切っておく。

3 菊は酢を入れた湯でゆがき、冷水にとって、よく絞っておく。

4 2と3に焼き海苔をもんで加え、1をかけ、よく和える。千切りにした柚子は和えものに少し混ぜ、残りは飾りとして上にのせる。

☆菊のゆで方

沸騰した湯を弱火にして、湯が静かになってから花びらをバラした菊を入れ、浮き上がってこないように箸で押さえながら、さっとゆがくと、歯ざわりのいい仕上がりになります。

器／白磁輪花鉢（口径15センチ）
奈良千秋作

「おまかせ料理 田中」
電話0424-76-0251
要予約 月曜定休

材料（4人分）

- ほうれん草 2/3束
- 食用菊 8〜10花
- 焼き海苔 1枚
- 柚子の皮 少々
- 酢 小さじ2
- 削りかつお 少々

A
- 水 大さじ4
- しょうゆ 大さじ1
- 日本酒 大さじ1/2
- みりん 大さじ1/2

パプリカだし煮

教えてくれた人／田中隆

十数年前の夏でした。

8ページでも紹介した和食の店、「田中」で味わったのが、ガラスの蓋ものに盛られた、野菜の煮もの。

ひんやりと涼し気な、かぼちゃ、なす、オクラ、パプリカ――。

以来、和風のだし煮野菜のおいしさに目覚め、自己流に、パプリカだけを煮ています。

材料（4人分）

赤パプリカ　2個
だし汁　3/4カップ
A
日本酒　小さじ1
みりん　小さじ1
しょうゆ　小さじ2

作り方

1 パプリカを網の上でころがしながら、焦げるくらいに全面を焼く。
2 焼き上がったらうす皮をむき、食べやすい大きさに切っておく。
3 だし汁にAを入れて煮立たせ、2を入れてひと煮立ちさせて火を止め、そのままよく冷ましてから、器に盛る。

☆パプリカは焼くことによって、甘味と酸味が出てきます。オレンジや黄色のものも加えると、彩りがきれい。煮汁に浸けたまま、3日ほどはおいしくいただけます。

器／金ポイント鉢（口径14センチ）
西山 亮作

千切りじゃが芋と豚肉炒め

教えてくれた人／中村勝江

お客さまでもあり、展示会の準備の折りなど、二人分のお弁当持参で手伝って下さる中村さん。

そのお弁当のおかずがいつもおいしくて、この本では二品紹介させていただきました。

とくにこのレシピは子供たちにも好評で、ビールの肴にも、お惣菜にもなる便利な一品。

材料（4人分）

じゃが芋　大ぶり2個
豚三枚肉　3枚ほど
しょうが　1かけ
ねぎ　2/3本
サラダ油　大さじ1と1/3
しょうゆ　大さじ2/3
日本酒　大さじ2/3
塩、こしょう　少々

作り方

1 じゃが芋を千切りにし、水にさらす。水がにごってきたら水を替え、ざるにあけておく。

2 豚三枚肉を1センチ幅に切る。しょうが、ねぎをみじん切りにする。

3 フライパンにサラダ油大さじ2/3をひき、じゃが芋を炒め、つややかな色になったらボールに移しておく。

4 同じフライパンに残りの油大さじ2/3をひき、弱火でねぎとしょうがをゆっくり炒め、香りを出して、豚肉を加えて炒め、しょうゆ、日本酒、塩、こしょうで味付けし、すでに炒めたじゃが芋を入れ、よく混ぜて火を止める。

器／長石釉平鉢（長径24センチ）
福永芳治作

生ハムの前菜

教えてくれた人／下 昇治

前掛けの似合う男性、下《しも》さん。

その料理好きは、小学生のころから故郷、三重県の川で鰻などを採り、自分でさばいていたというから、年期が入っています。

夜に客人を招く予定があると、出勤前に市場に出かけ、下ごしらえをしておくというのも驚き。

そんな彼が教えてくれた前菜。

見た目も味にも、すてきなセンスがいっぱい。

作り方

1 生ハムと生クリームをミキサーにかけ、クリーム状にする。

2 ドライトマト3片を細かくきざみ、クリーム状の1に入れ、よく混ぜる。

3 残りのドライトマト1片を、飾り用に細かく切る。さっと洗って水をよくきったチコリに2をのせ、上に飾り用のドライトマトをのせる。

☆ワインやシャンパンなどにも似合いの、簡単でしゃれた一品です。

器／青磁板皿（径17センチ）甘利 紘作

材料（4人分8個）

生ハム　小8枚
生クリーム　80cc
ドライトマトオリーブ漬け　小4片ほど
チコリ　8枚

えのき茸のマリネ

教えてくれた人／荒川和代

兄のつれあい、和代さんは器も、料理も、食べることも大好き。

私と同じ身長で、私よりはるかに少なかった体重が大食いの義妹につられて増えてしまったと、周囲から言われています。

お互いに料理のレシピを交わしあってきましたが、これもそんな一つ。

おろし玉ねぎが決め手の、おいしい五分クッキングです。

作り方

1 えのき茸は石づきをとり、洗って、半分に切り、熱湯でさっとゆがき冷水にとり、ざるに上げて水気を切っておく。

2 おろし玉ねぎ、しょうゆ、酢、サラダ油をよく混ぜ、1を入れてさっくりと混ぜて出来上がり。

器／花芯文高台皿（口径13.2センチ）
岩永 浩作

材料（4人分）

えのき茸　2袋
おろし玉ねぎ　大さじ2
しょうゆ　小さじ1と$\frac{1}{2}$
酢　小さじ1と$\frac{1}{2}$
サラダ油　小さじ2

菜の花のごま和え

教えてくれた人／名取實枝子

二十代から九十代まで揃う大家族の要としておいしい食事作りに励んで来られた名取さん。

どの世代にもうれしい味に、との工夫が、この一品からもしのばれます。

菜の花の緑と、いかの白。

味付けはマヨネーズとごま、という組み合わせに春の季節感もいっぱい。

材料（4人分）

菜の花　1束
いか　半身
絹さや　15枚

A
- マヨネーズ　大さじ1と1/2
- 白ごま　大さじ1
- 酢　小さじ1と1/2
- しょうゆ　少々

B
- だし汁　1カップ
- しょうゆ　大さじ1
- みりん　大さじ1

作り方

1 菜の花は固めにゆで3センチくらいに切り、茎の太いところは縦半分にしておく。
2 いかは細切りにし、ゆでておく。
3 絹さやもゆでて、斜め半分に切っておく。
4 Bをひと煮立ちさせ、1の菜の花をさっと煮て、煮汁に浸けたまま冷まし、ざるに上げておく。
5 Aを混ぜ、2、3、4を和える。
☆菜の花を煮浸す、その一手間が、奥行きのある味を生みます。

器／白釉六寸平鉢（口径17.5センチ）
松永泰樹作

なすの白ごま煮と皮のきんぴら

教えてくれた人
白ごま煮 不明／きんぴら 関 淑子

ひな祭りの日、母上の作られた美しくおいしいちらし寿司を、よく届けてくださった関さん。

頭が下がるほどの孝行娘であった彼女は母上の亡くなられた翌年、「母のようには行かないけれど」と今度は、ご本人手製の品をプレゼント。

20年ほど前、我が家での食事会に持って来られた「なすの皮のきんぴら」。「これなあに?」という皆の声が、今も耳の奥に残っています。

作り方／なすの白ごま煮

1 なすはヘタを残して皮を薄くたてにむき、竹串で数カ所に穴をあけ、塩水に漬けてアクを取る。皮も一緒につけておくこと（きんぴら用）。

2 1のなすの水気を拭き、中温の揚げ油で焦がさぬように、しんなりするまで揚げ、熱湯をかけて油抜きし、ざるに上げておく。（この一手間が大事）

3 鍋にAを入れ、2のなすを並べて入れ、落とし蓋をして、やわらかく煮ふくめる。

4 なすに味がしみたら、その煮汁でごまをのばして鍋にもどし、かたくり粉を日本酒で溶いて、少しずつ鍋に入れ、とろみをつける。

5 いんげんは塩ゆでにし、Bの汁でさっと煮てなすの横に盛りつける。

☆少し手間がかかるけれど、それが味に生かされています。冷めてもおいしい。

作り方／皮のきんぴら

1 なすの皮を幅3ミリほどに切り、ごま油で炒め、みりん、日本酒、砂糖、しょうゆで味つけする。

器／染付市松文鉢（口径18.5センチ）
染付麦藁文四寸皿（口径12.6センチ）
岩永 浩作

なすの白ごま煮
材料（4人分）
なす 8個
いんげん 100g
白すりごま 大さじ3
揚げ油 適宜
かたくり粉 小さじ1と$\frac{1}{2}$
日本酒 大さじ1と$\frac{1}{2}$

A
砂糖 大さじ1と$\frac{1}{2}$
薄口しょうゆ 大さじ1
塩 小さじ$\frac{1}{4}$
だし汁 2カップ

B
砂糖 大さじ$\frac{1}{2}$
日本酒 大さじ1
塩 小さじ$\frac{1}{4}$
しょうゆ 少々
だし汁 $\frac{1}{2}$カップ

なすの皮のきんぴら
材料（4人分）
なすの皮 8個分
みりん 小さじ1
日本酒 小さじ[illegible]
砂糖 小さじ$\frac{1}{2}$
しょうゆ 小さじ1と$\frac{1}{2}$
ごま油 少々

小鉢と小皿

和食には、なくてはならない脇役・小皿と小鉢。変形のもの、ちょっとおしゃべりな器、季節感のあるものなど、少し冒険もしていろいろ揃えておけば、主菜のお皿は一種でも、思いがけない演出ができるものです。

また、出番の多いさりげない品も一点加えておけば、言うことはありません。こうした小物は銘々が違っていても趣があるので、五客揃いでなくとも、一客、二客で集めておくのも楽しい。日常の必需品として、ハレの日の名脇役として、折々に選んでおくとよいでしょう。

ずらり並んだ小皿や小鉢。
ここでは作り手一人につき、
一品ずつを紹介します。

❶鉄彩碗　福永芳治
❷南京玉文入子皿　中尾郁夫
❸白磁輪花小皿　奈良千秋
❹粉引浅鉢　溝口勇
❺青灰釉片口鉢　臼田けい子
❻掛分三寸皿　九谷青窯
❼かわらけ丸文小皿　藤塚光男
❽ルリ釉いちょう型皿　高桑英隆
❾格子に花文皿　清水なお子
❿青磁菱型小鉢　太田貢
⓫練込小皿　臼田治子
⓬色絵羽子板文皿　正木春蔵
⓭赤楽小皿　東直人
⓮菊花豆皿　海野裕
⓯網代文角小皿　鈴木敬夫
⓰青桑釉三ツ足皿　甘利紘

おいしい主菜

食卓の主役には一手間かけて。
けれどできるだけシンプルで、
味も見栄えもとびきりにしたいものですね。

鶏手羽先梅煮

教えてくれた人／加藤泰子

埼玉県・上福岡で、染色工房を開いておられる加藤さん。工房の名前は「ややも」。一度耳にしたら忘れられない響きですが、この手羽先料理も、一度口にしたら鮮やかに心に残る味。

梅酒に使った梅を用いるのが加藤流だけれど、梅干しの梅でもかまいません。

材料（4〜6人分）

鶏手羽先　1kg
日本酒　1/2カップ
しょうゆ　1/2カップ
水　1と1/2カップ
砂糖　大さじ3
梅酒漬けの梅　6個

作り方

1 手羽先を湯通しする。
2 酒、しょうゆ、水と砂糖を合わせて強火で煮立て、梅と1の手羽先を加え、煮立ってきたら弱火にして、さらに30分煮る。

☆余ったら身をほぐし、サラダに入れてもおいしい。

器／南蛮焼締角鉢（長径29.5センチ）
大西菊夫作

豚肩ロースかたまり肉紅茶煮

教えてくれた人／荒川正子

主菜のほかに副菜は二種類。家族銘々に盛りつけられ、漬けものなどは人数分が一鉢に、という風だった我が家の食卓。「今日は取り合わせが悪かった」とつぶやいたり、お膳立てを手伝う子供たちに向かって「魚の向きが違う」などと、よく言っていました。

そんな母が70歳のころに、食卓に登場したのがこの料理。

彼女は誰に習ったのでしょう。

材料（4人分）

豚肩ロース肉かたまり　800gほど
紅茶ティーバッグ　3袋
しょうゆ　2カップ弱
日本酒　1カップ
酢　1カップ
みりん　1/2カップ
サニーレタス　適宜

作り方

1 肩ロース肉のかたまりを湯通しする。

2 肉がかぶるくらいの湯を用意し、ティーバッグを入れ、煮出す。この中に1の肉を入れ、弱火で40分、アクを取りながら煮る。（竹串をさし、火の通りを確認すること）

3 別鍋にしょうゆと酒、酢、みりんを煮立たせ、火を止めて2の肉を一晩漬け込む。

4 3の肉を薄く切り分け、サニーレタスに包んで食べる。

☆漬け込むときにビニール袋に入れると、まんべんなく味がしみる。一週間から十日ほどはおいしくいただけます。細く切ってサラダに入れてもいいし、漬け汁は、サラダのドレッシングにもなります。

なお、豚肉の紅茶煮をストックするときは、肉を漬け汁に漬け込んだままにしておくこと。

器／練込舟型大鉢（長径41.5センチ）臼田治子作

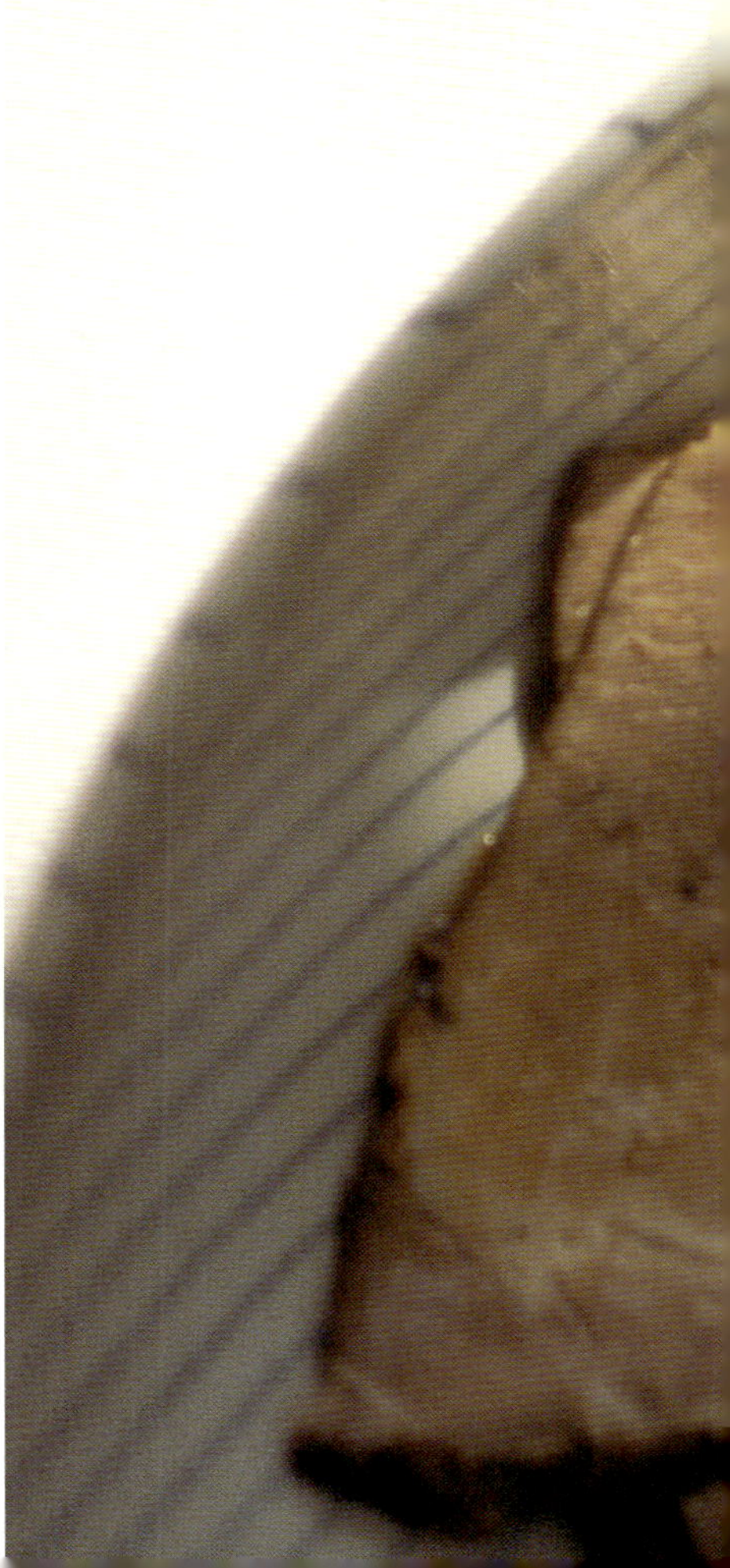

スペアリブママレード煮

教えてくれた人／名取實枝子

6ページと18ページでもご紹介した名取さん。スペアリブを料理するときも、年齢層の違う家族の、誰もが喜んでくれるように心を配ります。

たとえばこのレシピ。しょうゆと赤ワイン、日本酒、ママレードのかもし出すこっくりとした深い味わいが見事。

見た目が豪華なのに、手間いらず。にぎやかな集いの折りには、ことにうれしいレシピです。

作り方

1 スペアリブを湯通しする。

2 Aの中に1を入れ、始めは強火で、煮立ってきたら弱火にし、90分ほど煮て出来上がり。

☆ママレードが焦げやすいので、気をつけること。折りにふれスペアリブを裏返したり、置き換えたり、鍋底をへらでかき回すといい。ママレードでなく、柚子ジャムなどを使ってもおいしい。

器／白磁九寸角皿（径27センチ）九谷青窯作

材料（4〜6人分）

スペアリブ　1kg

A
- 赤ワイン　1カップ
- ママレード　1瓶（220gほど）
- しょうゆ　1/2カップ
- 日本酒　1/2カップ

スペアリブと大根の焼酎煮

教えてくれた人／掛園慶子

九州の言葉なら五ヶ国語を話せる、という小倉生まれの掛園さん。ご主人の転勤で対馬、指宿、熊本、佐賀、博多と居を移され、今は東京にお住まいです。

明るい人柄で、さまざまに交遊を深めるそんな人が、「うつわや」のパーティのために、作って下さったのがこの一品。指宿で覚えられたのか、郷土色も加わったとびきりの味です。

作り方

1 大根は皮をむき、4センチくらいの輪切りにし、さらに半分に切っておく。

2 こんにゃくは8〜10切れにし、ゆでておく。

3 深鍋に油を引き、スペアリブを炒め、焦げ目がついたら砂糖を振りかけてからめる。

4 3の鍋に1の大根、2のこんにゃくを加え、Aを注いで煮込む。沸騰したら弱火にして、あくをとりながら40〜50分煮る。

5 Bを加え、味を整える。

☆煮込みものは冷めるときに味がしみ込むので、食べる5〜6時間前に作っておくといい。集いの折りなどは、土鍋仕立てにして鍋ごと出すと豪華です。

器／黒鍋（口径39.5センチ）
土楽窯作

材料（4〜6人分）

スペアリブ　800gほど
大根　大 1/2 本
こんにゃく　1枚
サラダ油　大さじ1と1/2
砂糖　大さじ1
焼酎　2と1/2カップ ┐A
水　2と1/2カップ ┘
赤みそ　大さじ2と1/2 ┐B
しょうゆ　大さじ1 ┘

ロールキャベツみそ仕立て

教えてくれた人／土平哲生

「うつわや」の長年の客、土平明子さん。ご主人は、お祖父さまが愛知県でみそ作りをしていらした縁でみそを生かしたレストラン、「ソイ・ヴィン・ファーム」を経営。私はさまざまなことを、土平夫妻から教わりました。中でもこの、ロールキャベツは絶品。

この店ではみその小売りもしてくれます。

作り方

1 キャベツはふわっとした巻の大玉を使う。芯をくり抜いて、たっぷりの湯を沸騰させた大鍋に入れ、ゆがく。このとき芯の方を上に向けて、ゆで上がった外側から、随時、はがしてざるに上げて行く。

2 玉ねぎ、しめじをみじん切りにし、バターでゆっくり炒める。

3 2が冷めたらひき肉、たまご、パン粉と共にボウルに入れ、みそ大さじ1を加えて、よく練り上げる。

4 キャベツの葉に残る太い芯をそぎ落とす。ロールキャベツ1つにキャベツの葉を3枚使う目安でバランスよく葉を8等分しておく。

5 3を8等分し、4のキャベツを巻いていく。このとき、小さめの葉をまず巻いて、順に大きめのものにしていく。

6 大鍋に5のロールキャベツを並べ、みそ大さじ1と1／2を溶いただし汁4カップを入れ、沸騰したら弱火にして30分煮込む。

7 6をいったん冷ます。食べる直前に、みそ大さじ3を溶いただし汁1カップを加え、中火から弱火で15～20分、あたため直す。

☆最初に煮込むときは、みそがかすかに入っている程度のだしで、食べる直前に濃いみそ入りのだしを加えるといい。いったん冷ますのは、冷めるときに味がしみ込むからです。みそは合せ白みそを使いましたが、塩気を確かめながら、さまざまな品でお試しください。

器／織部輪花皿（径17センチ）
福森雅武作

「ソイ・ヴィン・ファーム」
電話0422－21－0272
（東京・JR吉祥寺駅下車徒歩5分）

材料（4人分8個）
牛豚合ひき肉　200g
たまご　1個
パン粉　大さじ1と1/2
みそ　大さじ5と1/2
キャベツ　大1個
昆布とかつおだし汁　5カップ
しめじ　1パック弱
玉ねぎ　大1/2個
バター　15g

イタリアンすき焼き

教えてくれた人／田中 隆

和食の店を開いている田中さんは、ときどき、店で働く人たちの食べる「まかないご飯」に誘ってくださる。
このすき焼きも、そんなときのおかず。まるで「イタリア系日本人」みたいですが、トマトの酸味の効いたさっぱりした味は、当時80代だった、私の両親にも好評でした。

作り方

1 すき焼き用割り下Aを鍋に入れ、軽く煮立たせておく。

2 玉ねぎは縦半分に切り、厚めにスライス。トマトは皮をむいてざく切りにしておく。

3 すき焼き鍋にオリーブ油をひき、玉ねぎを炒め、次にトマトを加えてさらに炒め、1の割り下を入れる。

4 3が煮えてきたら牛肉を入れて、いただく。

☆オリーブ油がなければ、サラダ油でもかまいません。牛肉は上等の品だけでなく、バラ肉を混ぜるとおいしくなります。

器／蝶透かし鉄鍋（口径25.5センチ）
釜定作

材料（4人分）

- 牛肉（すき焼き用） 600gほど
- 玉ねぎ 中2個
- トマト 中3〜4個
- オリーブ油 適宜

以下割り下A

- しょうゆ 1/2カップ
- みりん 1/4カップ
- 日本酒 1/4カップ
- 砂糖 大さじ2

（A）

材料（4人分）
鶏ひき肉　200g
蓮根　中1/2本
おろし生姜　少々
卵白　1個分
水菜　1束
油あげ　1と1/2枚
昆布・かつおだし汁　適宜
日本酒　1/2カップ

蓮根入り鶏団子と水菜鍋

教えてくれた人／島田千鶴子

料理好きと掃除好きの一致はあまりない、と思っていた私の先入観を見事にくつがえしてくれたのが、島田さん。

いつもエプロンのポケットにボロ布を入れ、こまめにふき掃除をしておられる。

食卓のしつらえにも、工夫とアイディアがきらり。

この鍋もそんな島田さんならではの一品です。

蓮根のシャリシャリした食感が楽しい。

作り方

1 蓮根は皮をむきみじん切りにし、卵白、おろし生姜とともに、ひき肉に加え、よく練り上げる。

2 鍋にだし汁と酒を入れて火にかけ、沸騰したら、幅2センチほどに切った油あげを入れる。

3 1を小さじですくって団子にし、2の鍋に加え、肉団子が煮えたら、長さ4センチほどに切った水菜を入れる。

4 水菜がしんなりしないうちに、それぞれ小鉢に取り、好みで塩、ポン酢しょうゆをつけてどうぞ。

☆蓮根の食感がおいしさの決め手なので、みじん切りはやや荒めに。また、最後に具をすべて引き上げ、うどんを入れて、塩、こしょう、またはポン酢で味付けていただくのもおすすめです。

器／有平文鍋（口径29センチ）陶房なかまど作

ぶりの揚げもののみそダレかけ

教えてくれた人／島田千鶴子

36ページでも紹介した島田さんは、二人暮し。けれど大きな尺皿をまめに使い、おかずを食籠に入れたりと、食卓の変化を楽しまれています。ぶりを揚げる、というこの料理にも、一手間の工夫が、味に深みを加えています。

作り方

1 ぶりを酒としょうゆを混ぜた中で洗う。（さっと漬けて汁分を捨てる）

2 1の水気をふき取り、小麦粉をまぶす。

3 蓮根は太ければ半分に切ってから、8ミリくらいの厚さに切っておく。アスパラガスは3～4センチに切っておく。

4 みりんと酢を鍋でひと煮立ちさせてから、砂糖を入れ、少し冷めたら、みそを混ぜて、溶いた和からしを入れて味を整える。

5 フライパンに揚げ油を入れ、中温にあたためて、蓮根、アスパラガスを素揚げし、次にぶりを揚げてキッチンペーパーを敷いたバットにとってから器に盛り、4のみそダレをかける。

☆みそダレの砂糖は、みその辛さによって調節すること。和からしは、みそダレに入れず、ぶりの上にのせてもいい。このみそダレは多めに作っておくと便利です。なすを揚げたものや、豆腐にかけてもおいしい。

器　染付菊唐草文皿（径22.5センチ）

山本 博作

材料（4人分）

ぶり　4切れ

蓮根　中1本

アスパラガス　1束

小麦粉　適宜

揚げ油　適宜

赤みそ　大さじ3と$\frac{1}{2}$

砂糖　小さじ1と$\frac{1}{2}$

和からし　少々

みりん　大さじ5

酢　大さじ5

日本酒　大さじ1と$\frac{1}{2}$

しょうゆ　大さじ1と$\frac{1}{2}$

金目鯛の酒蒸し

教えてくれた人／岩井弘子

岩井さんとの長いお付き合いの中で、話題の中心は、おいしい食べもののこと。レシピのやりとりも大分、重なりました。この魚料理もそんな一つ。材料も作り方もごくシンプルなのに、しみじみとした味わいです。

鰤や鰆など、旬の品でもお試しください。

作り方

1 金目鯛の表と裏に軽く塩をふり、30分ほどおいてから塩を軽くふき取る。皮に2ヶ所、切れ目を入れておく。

2 1を深皿に並べ、魚が半分浸るくらいまで酒を注ぐ。長さを四等分にした長ねぎを魚の上におき、蒸し器に入れ、10分蒸す。

3 あたためておいた銘々皿に魚を汁ごと盛り、長ねぎをあしらい、針しょうがを飾る。

器／更紗文七寸深皿（径21.5センチ）
正木春蔵作

材料（2人分）

金目鯛　2切
日本酒　適宜
塩　少々
長ねぎ　大1/2本
しょうが　適宜

鶏つくね煮

教えてくれた人／引頭佐知

知る人ぞ知る、といった存在の、杉並区にあるおいしい関西割烹の店「竹本」。互いにその客であったことが、引頭さんとの関わりを深めました。彼女は「竹本」に通い詰め、自分の料理を確立しその後、料理教室を開いて、和食の著書も出されています。

作り方

1 たまごを固めにゆでて、みじん切りにする。玉ねぎもみじん切りにしておく。

2 1と鶏ひき肉とパン粉を、ねばりが出るまで、手でよく練り上げる。

3 手にサラダ油を塗り、好みの大きさに2を丸めやや平たい団子にし、油を塗ったプレートに置く。

4 3のそれぞれに小麦粉をまぶし、大さじ2のサラダ油をなじませたフライパンに入れて、団子の表面に焼き色をつける。

5 鍋にAを合わせ火にかけ、煮立ったら、4を一つずつ並べて入れ、中火で煮る。煮汁が少なくなってきたら強火にし、鍋を回しながら煮詰めて照りを出す。

6 器に盛り、ゆでたブロッコリーを添える。

☆いま一つ、上手に出来なかった「鶏つくね」。〝ゆでたまごを入れる〟、これがふわっと煮上がるコツでした。

器／粉引平鉢（口径27センチ）川淵直樹作

材料（4人分）

鶏ももひき肉　300g
たまご　2個
玉ねぎ　中1個
パン粉　大さじ2
小麦粉　適宜
サラダ油　大さじ2
ブロッコリー　適宜

A
- だし汁　1と$\frac{1}{2}$カップ
- 日本酒　大さじ1
- みりん　大さじ1
- 砂糖　大さじ3と$\frac{1}{3}$
- しょうゆ　大さじ3

祖母のビーフシチュー

教えてくれた人／荒川みね

家政科の先生をしていたという祖母の料理。私は母の手を通して知りました。中でもこのビーフシチューは、祖母から母、私へと伝わる味の、代表選手めいた存在です。86歳で亡くなる間際まで、食にこだわっていた祖母。彼女のあり方が、この本の生まれる原点かもしれません。

材料（4人分）
- 牛もも肉　300〜400g
- にんじん　大1と1/2本
- 玉ねぎ　大2個
- じゃがいも　大4個
- こんにゃく　1枚
- 蕗　3〜4本
- ゆでたけのこ　中1/2本
- 絹さや　20枚ほど
- バター　40g
- 小麦粉　大さじ5強
- ブイヨン　2個
- 水　6カップ
- しょうゆ　小さじ1と1/2
- 塩　小さじ1

作り方

1 野菜の下ごしらえをしていく。じゃがいもは皮をむき、大きめ二等分。にんじんも皮をむき、大きめの乱切りにする。玉ねぎは半分にしてから四等分にしておく。こんにゃくは手で食べやすい大きさにちぎり、下ゆでする。絹さやはゆがいて、斜め半分に切る。蕗はゆでて2センチくらいに切る。たけのこはうすく切っておく。

2 牛肉は食べやすい大きさに切り、塩、こしょう、小麦粉をまぶしておく。

3 厚手の鍋にバター15gを熱し、牛肉の表面の色が変わるまで炒め、ボウルなどに上げておく。

4 その鍋にバター10gを加え、じゃがいも、にんじん、玉ねぎをざっと炒め、じゃがいもだけを取り出しておく。

5 4に3の肉を加え、水を入れ、あくを取りながら30分煮込む。4で取り出したじゃがいもを加え、さらに20分煮込む。

6 ブイヨンとこんにゃくを入れ、5分ほど煮て、火を止める。

7 フライパンを弱火で熱し、バター15gを溶かし小麦粉大さじ5を入れ、弱火で20分ほど、濃い茶色になるまでゆっくりと炒め、ルウを作る。

8 6のスープを7の中へ少しずつ入れ、ルウをのばしていく。液状になったら6の鍋に、フライパンの中身をすべて移す。

9 しょうゆと塩で味つけし、弱火で15分ほど煮て火を止める。蕗とたけのこを加える。

10 食べる直前に弱火であたため直し、器に盛ってから、絹さやを散らす。

☆なつかしい味わいのシチュー。7でルウを焦がすほど炒めるのがコツです。牛は好みによって、もも肉でなく、ばら肉を使ってもかまいません。その折りは、煮るときに出る油を、まめに取りましょう。

器／黒漆雑煮椀（口径14センチ）
石川漆宝堂

大皿と大鉢

大きな器は主役です。

大皿大鉢に盛れば、惣菜でもご馳走に見えるから不思議です。集いのテーブルなどには、ぜひ登場させたいもの。収納の点でも沢山揃えることは大変なので、取り合えず二点持っておくと便利です。

一つは浅鉢、少なめにこんもりと、又、広げて盛り付けることも自在です。もう一つは、変形もの。例えば、角皿、長方皿、舟形皿。これらは、人目も引き、盛り付けの技量を大いに助けてくれます。

ついついい、仕舞いがちの大皿・大鉢、普段は果物でも入れておいて、気軽に使いましょう。

❶南蛮焼締大皿　大西菊夫
❷青磁なで肩大皿　太田貢
❸染付ぶどう文輪花鉢
中尾郁夫
❹粉引祭器鉢　溝口勇
❺白磁八寸角皿　中尾郁夫
❻鉄釉八寸皿　工房吉田

くっきりサラダ

見た目も味にも大満足の、サラダいろいろ。
添えものではなく、食事の流れにくっきりとアクセントをつけるレシピです。

にんじんとツナのサラダ

教えてくれた人／佐藤靖子

「うつわや」の仙川時代、エプロン姿で店の前をよく行き来していらした佐藤さん。おいしい到来ものや、手作りのおかずなどをたびたび届けてくださいました。それまであまり惹かれなかったツナ缶をすっかり見直したのも、佐藤さんのこのサラダゆえ。

材料（4人分）

にんじん　大1本
ツナ缶（オイル漬け）　1缶（80g）
こしょう　少々
酢　大さじ$1\frac{1}{2}$
塩　小さじ$\frac{2}{3}$ほど

作り方

1 にんじんは皮をむき、千切りにして塩をふり、よく混ぜてざるに30分、あげておく。

2 ボウルにツナ缶をほぐして入れ、1のにんじんの水気を絞ってから加える。

3 中身を出したツナ缶に酢を入れて、中を洗うように混ぜる。

4 2に3を加え、よく和えて、こしょうをかけて出来上がり。

☆にんじんとツナ缶なら常備しておけるし、一品足りないときや、不意の客人のもてなしにもいい。

器／瑠璃マーブル台鉢（径15センチ）
西山 亮 作

材料（4人分）
春雨　100g
豚ひき肉　80g
小えび　50〜80g
木くらげ　5〜6枚
紫玉ねぎ　中くらいを$\frac{1}{2}$
にんにく　大1片
サラダ油　少々
ナンプラー　大さじ2と$\frac{1}{2}$
レモン汁　大さじ2と$\frac{1}{2}$
砂糖　少々
香菜（コリアンダー）6〜7本
赤とうがらし　小2本
塩、こしょう　少々

ヤム・ウン・セン（タイ風春雨サラダ）

教えてくれた人／園屋博子

タイに三年余り住んでいらした園屋さんの、「一日タイ料理教室」に参加したのは十四、五年前。「うつわや」の客として数回、お会いしただけなのに、以前からの知り合いのように、あたたかく迎えてくださいました。このとき教わったヤム・ウン・セン。その後、あちこちに生まれたタイ料理店のどこと比べても一番おいしいヤム・ウン・センだと、私の舌は思っています。

作り方

1 春雨は熱湯で固めにゆで、冷水にさらし、ざるに入れて水気をよく切り、三つほどに切っておく。

2 にんにくのみじん切りを、少量の油できつね色になるまで炒め（弱火）、1の春雨に混ぜる。

3 ひき肉は油で炒め、軽く塩、こしょうをふり、2の春雨に混ぜる。

4 紫玉ねぎは薄切りにし、水にさらしてざるに上げ、キッチンペーパーなどで水気を取っておく。

5 木くらげは水でもどし、千切りにする。

6 小えびはゆでて、半身にし、赤とうがらしは小口切りにする。

7 3に4、5、6を入れ、ナンプラー、レモン汁、砂糖を入れてさらによく混ぜる。

8 香菜を1センチくらいに切り、7に混ぜて出来上がり。

☆ナンプラーはメーカーによって塩辛いものもあるので、少し控えめに入れてから、調節して下さい。紫玉ねぎがなければ、普通の玉ねぎでもかまいません。

このサラダは出来上がってから最低1時間はおいて、食べた方がおいしい。

器／青ガラス八角鉢（口径21.5センチ）石井康治作

芹とごぼうのサラダ

教えてくれた人／駒井絢子

ハワイに居を移されて十余年になる駒井さん。移住の少し前、ごちそうになったのが、このサラダでした。芹と、揚げたごぼうの組み合せが新鮮。「うつわや」発で、このレシピほど、広まったものはありません。私が伝えた方が、未だに感謝してくださるほど。見た目では、ごぼうが何だか分からないところがミソです。

作り方

1 芹はよく洗い、4センチくらいに切っておく。

2 ごぼうは2センチほどの輪切りにし、さらに4つくらいに縦割りして、酢水にさらす。

3 2の水分をよく取り、かたくり粉をつけ、中温にあたためたサラダ油で揚げる。次にスライスしたにんにくを素揚げする。

4 ボウルに芹と3のにんにくを入れ、混ぜる。

5 Aをフライパンで熱し、4にかける。さらにBを加えてよく混ぜ、揚げたごぼうを加えてざっくりと混ぜ合わせる。

☆揚げたごぼうに塩を少しふると、それだけでおいしい酒の肴になります。

器／色絵輪花鉢（口径21.5センチ）中尾郁夫作

材料（4人分）
芹　2束
ごぼう　大1本
かたくり粉　少々
にんにく　2片
サラダ油　大さじ1 ┐A
ごま油　大さじ2 ┘
しょうゆ　小さじ1と1/2 ┐
砂糖　少々 │B
塩　少々 │
こしょう　少々 ┘

うどとそら豆と帆立のサラダ

教えてくれた人／西山智恵子

「うつわや」のパーティの折りなどに、よく、おいしい料理を作ってくださる西山さん。

いい食材に出会うと目の色が変わるほどの料理好きで、ほとんどの魚をさばける確かな腕と、外で食べた美味を、家ですぐさま再現できる舌もお持ちです。

〝手間は惜しまず、けれど手早く〟が、彼女の身上。

作り方

1 そら豆は皮に一ヶ所切り目を入れてゆで、皮をむく。

2 うどは皮をむき（むいた皮はとっておく）、拍子木切りにして酢水にさらす。

3 玉ねぎはみじん切りにして水にさらす。

4 帆立貝は半分にし、うすく切っておく。

5 1、2、3、4の水分をよく取り、Aでよく和える。

☆ワインビネガーがなければレモン汁でもかまいません。帆立の代わりに赤貝や小柱も使えます。好みでこしょうを加えてもいい。

なお、うどの皮は千切りにし、きんぴらにするとおいしいものです。

器／ルリ釉深皿（口径23センチ）
臼田けい子作

材料（4人分）
うど　中1本
そら豆　30粒ほど
生帆立貝　中ぶりを3〜4個
玉ねぎ　大$\frac{1}{4}$個
酢　少々
A ┌ オリーブ油　大さじ1と$\frac{1}{3}$
　│ ワインビネガー　小さじ2
　└ 塩　少々

ガラスの器

夏にふさわしいのはもちろんですが、例えば、乳濁色の入ったものは早春に、萌黄色は若葉の頃になど、彩りによって季節を問わず使えます。また、冬のガラスは、食卓を軽やかにしてくれます。漆とも相性のいいガラス、茶托に小鉢をのせてデザートを盛ったり、塗りのトレーにワイングラスなどの組み合わせも楽しい。

まずは一器多用の小鉢と六〜七寸の盛り鉢、ドレッシング、タレ、冷酒入れに一つはほしい小ぶりのピッチャー。後はお楽しみで、大皿や小皿や、アクセントになるものを揃えていってはいかがでしょう。

❶萌黄泡波縁深皿
❷萌黄モール中鉢
❸ルリマーブル足付鉢
❹ハケメピッチャー
❺ポイントピッチャー
❻藍五線小鉢
❼萌黄泡筋巻台付大鉢
❽オリーブ波縁中皿
❾萌黄カッティング楕円鉢
❿ルリ楕円小鉢
⓫萌黄楕円小鉢

紹介した器の作り手は、
すべて西山 亮。

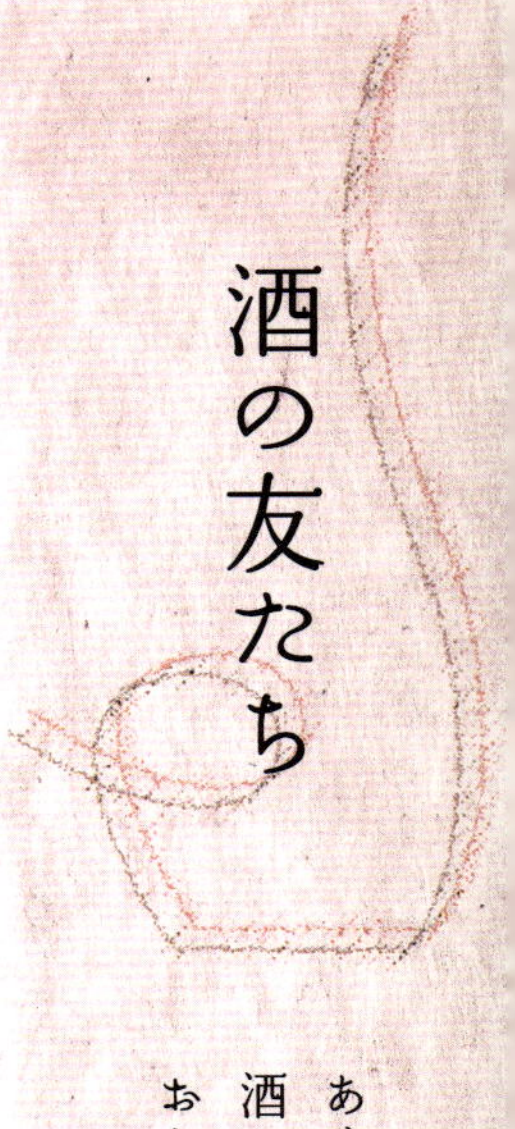

酒の友たち

あまり手をかけず、おいしくて気が利いている、というのが
酒のつまみの必要条件だと思います。
おかずにもなるそんな品たちを、料理帖から選びました。

にらと豚肉のトウチ炒め

教えてくれた人／志村美知子

食べることより作る方が好き、と言われる志村さん。

テーブルセッティングも上手で、そのための小道具も、ご自分で作られる。お手製の和菓子を下さるときの、ラッピングもすてきです。

料理のレシピを交換しあうと、さっそく試みるというのが、私との共通点。

材料（4人分）

豚ロース肉（カツレツ用） 2枚
にら 2束
トウチ（豆鼓） 15粒ほど
小麦粉 適宜
オイスターソース 小さじ2
日本酒 小さじ2
サラダ油 大さじ1と$\frac{1}{2}$
塩・こしょう 少々

作り方

1 肉を1センチほどの幅に切り、塩、こしょうして小麦粉をまぶしておく。

2 にらは5センチくらいに切っておく。

3 フライパンにサラダ油を入れ、トウチを弱火で炒める。

4 3の中に1の肉を入れて強火で炒め、肉に火が通ったらにらを入れてさっと炒め、酒をふりかけ、次にオイスターソースをからめて出来上がり。

☆トウチを入れるとプロ風の味になります。にらのほか、ブロッコリーやもやし、たけのこなどの野菜と、えび、帆立貝、鶏肉などを、さまざまに組み合わせても楽しい。

器／染付松竹梅丸文八寸皿（径24.5センチ） 岩永 浩作

納豆とひき肉のレタス包み

教えてくれた人／大竹智子

いつも笑顔を絶やさない大竹さん。料理が大好きで、本やテレビもよく参考になさる。

二十数年前に教えてくださったこのレシピは相撲部屋の料理として、何かに紹介されていたと聞きます。

納豆はきらいという人が、これまでに幾人も、よろこんで食べてくれました。

材料（4人分）

豚ひき肉　200g
納豆（大粒のもの）　100g
長ねぎ　1本
しょうが　1片
サニーレタス　適宜
サラダ油　大さじ1と1/2
タバスコ　適宜
日本酒　大さじ2/3〜1
しょうゆ　大さじ2/3〜1

作り方

1 長ねぎとしょうがをみじん切りにする。
2 フライパンに油を入れ、弱火で1をゆっくり炒めさらにひき肉を入れて炒める。
3 酒としょうゆで味つけし、火を止める。
4 3に納豆を入れてよく混ぜ、器に盛る。
5 サニーレタスに4を巻いて食べる。好みでタバスコをかけてもいい。
☆少し冷めた方が、納豆の臭みがなくなり、おいしい。ご飯を一緒に入れて巻くのもいい。

器／織部六角鉢（長径22.5センチ）
東直人作
南蛮焼締ビール杯（口径9センチ）
川淵直樹作

酒盗豆腐小鍋仕立て

教えてくれた人／犬飼孝夫

犬飼ご夫妻は二人揃って料理好き。奥様がパン、ジャム、ケーキ類を作り、ご主人が毎晩の食事を担当されている。凝り性の方に仲良くしていただくのはうれしい。この小鍋も、美しくおいしいフルコースの手料理の、最後に登場した小粋な一品でした。

作り方

1 鍋に酒大さじ3と酒盗を入れ、火にかける。酒盗がチリチリになったらすくい網のような品で漉し、汁だけにする。（残った酒盗も酒のつまみになる）

2 鍋にAをはり、八等分くらいにした豆腐と1の汁を加え、弱火でことこと煮込む。

3 万能ねぎの小口切りを散らして出来上がり。

☆さまざまおいしい品を食べ尽くしたような方に。なお、土鍋には臭いがついてしまうことがあります。にんにくや、この酒盗も臭いがつくはずですが、そんなときはぜひ、お粥を炊いてください。その後、よく洗い、乾燥させてからしましょう。

器／ねぎぼうず文小鍋（口径20センチ）
土楽窯作
南蛮焼締盃（口径6・5センチ）
川淵直樹作

材料（2人分）

- 豆腐（絹ごし） 1丁
- 酒盗（かつおの塩から） 大さじ1
- 日本酒 大さじ3
- 万能ねぎ 2〜3本
- だし汁 1カップ ┐A
- 日本酒 1/2カップ ┘A

じゃが芋とにんにく炒め

教えてくれた人／李 仁朱

李朝骨董「梨洞」ご主人・李 鳳來氏夫人の仁朱さん。食道楽の夫君に鍛えられた、料理の腕前は見事です。

このじゃが芋料理は、お訪ねしたある日、夕食でも、と声をかけてくださりそこにあるものだけで四、五品、手早く作られた内の一つ。

簡単でおいしいスピード料理として、さっそく心の中にメモした次第。

作り方

1 じゃが芋はよく洗って皮ごと1センチ角くらいに切っておく。

2 にんにく、パセリはみじん切りにする。

3 フライパンに油をひき、弱火でにんにくをよく炒め、じゃが芋を入れて炒め、蓋をして5分ほど蒸し焼きにする。

4 3に塩、こしょうとパセリを加え、ざっと混ぜる。

☆熱々をいただくのが身上。突然の来客やビールの肴にぴったりです。

器／焼締丸鉢（口径18センチ）村上 躍作

材料（4人分）

じゃが芋　大2個

にんにく　2片

パセリ　適宜

サラダ油　大さじ1と1/2

塩　少々

こしょう　少々

蛎のオリーブ油漬け

教えてくれた人／宮城紘子

宮城さんは家事の達人。まな板は材質違いで四枚、器の水切りも漆用に木の篭を用意なさっています。

料理の腕ももちろんすばらしい。

コーヒーはご自分で培煎し、季節ごとにジャムを作り、パンも手作り、野沢菜や奈良漬けなども自家製——。

お酒は呑まれないのに、飲んべえの好むこんな気の利いた一品も、さらりと食卓に登場させます。

作り方

1 蛎は塩水でよく洗い、水を切って、鍋に入れて火にかけ、空煎りして取り出す。

2 1で蛎から出た汁に、だし汁を加えて1カップにし、みりん、しょうゆを入れ、吸いものよりやや濃いめの味にしておく。

3 2を煮立て、1の蛎を入れ、15秒くらいで引き上げる。これを計3回繰り返し、冷ましてから、種を抜いたとうがらし、ローリエの葉とともに、オリーブ油に漬ける。

☆飲んべえにはたまらない一品。作った翌日から食べられますが、三～四日後がベスト。一週間ほど日持ちします。

3で三回に分けて煮るのは、蛎をふっくらと煮上げるため。なお、蛎を煮た後の汁は、蛎ご飯やうどんの汁にも使えます。

器／青磁高杯（口径11センチ）
恩塚正二作

材料（4人分）

大つぶの生蛎（殻をはずしたもの）300g
とうがらし 2～3本
ローリエの葉 2枚
オリーブ油 適宜
だし汁＋蛎から出た汁 1カップ
みりん 小さじ2
しょうゆ 小さじ2

酒の器

お酒の趣向は、さまざまです。盃は、自由に好みで一つ一つ買い求めておくと、いつのまにか戸棚に増えているもの。

たとえば夏には白磁の平盃、ガラスのもの、秋から冬には、志野、織部、三島など土ものにしたりと、その日の気分で選ぶことが楽しい。

冷酒に似合いは片口ですが、独酌のとき、手に納まり易いのは筒型、客寄せの折は手付きのものが、向かいの人に注ぐのにも具合がいい。徳利ももちろん好みで選ばれるべきですが、一つ焼締を揃えておくと、どの盃とも相性がいい。

片口共々、花生けに見立てるのもまた、暮らしの楽しみ方です。

❶絵唐津注器　吉田明
❷白磁鎬片口　奈良千秋
❸南蛮焼締盃　大西菊夫
❹白磁陽刻文盃　奈良千秋
❺炭化焼締象嵌盃　竹内真吾
❻染付山水図八角盃　中尾郁夫
❼色絵瓔珞文盃　正木春蔵
❽青ドロップ盃　西山亮
❾萌黄盃　西山亮
❿赤絵桜文盃　鈴木敬夫
⓫南蛮焼締注器　川淵直樹
⓬黄瀬戸五角盃　福森雅武
⓭刷毛目盃　工房吉田
⓮三島耳盃　吉田明
⓯南蛮焼締徳利　川淵直樹
⓰黒釉刷毛目高杯　恩塚正二
⓱染付唐草文高杯　岩永浩
⓲色絵胴紐盃　正木春蔵

ごちそう後のごはんなど

白いご飯とみそ汁が一番！という方も、ときにはこんな、
さっぱりした変わりご飯や、スープ、そうめんはいかがでしょう。
大勢の集いの折りにも、酒席の〆にも、きっと好評のはず。

みょうがご飯としょうがご飯

教えてくれた人／臼田治子

26ページに登場した練込舟鉢の作り手である臼田さん。お酒が大好きで、料理上手な彼女は、友人宅にあった野菜を全て、マッチ棒のように切り揃え、絶妙な味のきんぴらを作ったという逸話の持ち主。彼女の母上の作る、切り干し大根煮が、またとびきりの味でした。

みょうがご飯
材料（4人分）
梅酢　1/2カップ
みょうが　大4個
煎りごま　適宜
炊きたてご飯　2カップ

しょうがご飯
材料（4人分）
しょうが　大1片
炊きたてご飯　2カップ

作り方／みょうがご飯

1 湯通ししたみょうがを梅酢に2〜3日、漬けておく。

2 炊きたてご飯に小さくきざんだ1と、ごまを混ぜる。

作り方／しょうがご飯

1 炊きたてのご飯に、みじん切りのしょうがを混ぜる

☆こってりした料理の後や、お酒の後にうれしいご飯。集いの折りなどにこの二種を、小さなお結びにしてもすてきです。

器／練り込み飯碗（径12.2センチ）
臼田治子作

蛸ご飯

教えてくれた人／中村勝江

12ページでも紹介した中村さん、「うつわや」が仙川の店を引き払う、引っ越しの日に、お釜ごと持ってきて下さったのが、このご飯。

引っ越しのときの食事の差しいれのありがたさ、ボランティアで駆けつけて下さった7人の方々と、ご飯を囲んだ光景。仙川で過ごした17年間の思い出が入り混じり、この蛸ご飯は、忘れがたい味となりました。

作り方

1 米3カップを研ぎ、普通の水分量にAを加えて炊く。

2 蛸は一口大に切る。油あげは細かくきざみ、湯通ししておく。沸騰したBの中に蛸と油あげを入れ、ひと煮立ちしたら火を止め、冷ましておく。

3 ご飯が炊けたら2をざるに上げ、その具だけをご飯に混ぜ、きざんだ三ツ葉を、さっくりと混ぜ込む。

☆大勢のお客さまには、大鉢に盛って出しましょう。

器／三島大鉢（口径30センチ）吉田 明作

材料（4人分）

米　3カップ
ゆで蛸　300g
油あげ　1枚
1センチほどにきざんだ三ツ葉　1カップ

A
しょうゆ　小さじ2
日本酒　大さじ1

B
だし汁　大さじ3
しょうゆ　小さじ2強
日本酒　大さじ1と$\frac{1}{2}$
みりん　小さじ1と$\frac{1}{2}$
塩　小さじ$\frac{1}{4}$

ハムとかぶと、しょうがのスープ

教えてくれた人／船越裕子

主婦業が大好きとおっしゃる船越さん。料理の創意工夫には、いつも感心させられます。

「前日の夕食のおかずがリフォーム（？）され、お弁当に入っている」とはご主人の弁。こういう方は器も、柔軟な目線で選ばれます。

そんな船越さんおすすめ、体調が悪いときなどにもってこいの胃にやさしいスープ。

材料（4人分）

- かぶ　中3個
- かぶの茎　5〜6本
- ハム　3〜4枚
- しょうが　大1片
- 鶏ブイヨン　2個
- 水　3と1/2カップ
- 塩、こしょう　少々 ┐A
- 日本酒　大さじ2 ┘

作り方

1 かぶは皮をむき、たてに八つ割りに切る。ハムは1センチ角くらいに切る。しょうがはみじん切りにする。

2 水を沸騰させブイヨンを入れ、溶けたら1のかぶとハムとしょうがを入れ、煮えたらAで味をととのえる。塩はブイヨンによっては入れなくてもいい。

3 2をいったん冷ましてから、食べる直前に熱し、かぶの茎のみじん切りを散らす。

☆作り立ては味が立っているので、いったん冷ましてから、あたためなおすと、スープの味に深みが出る。

器／粉引耳付碗（口径12センチ）
刷毛目五寸皿（径16センチ）溝口 勇作

長芋と春雨のスープ

教えてくれた人／名取實枝子

手軽で気の利いた料理にかけては達人と言いたい名取さん。

この一品も、スープの素を使わずに、長ねぎをゆっくりと炒めることで、こくのある、深い味を引き出しています。

疲れた心も身体もほどけるような、このスープ。

ぜひ、作ってみてください。

作り方

1　長芋は皮をむき、太めの千切りにする。春雨は固めにゆがき、二ヶ所ほど切っておく。鶏ささ身は一枚を六つくらいのそぎ切りにし、酒をまぶしておく。長ねぎは3センチくらいに切っておく。

2　鍋にサラダ油を入れ、長ねぎを弱火で軽く焦げめがつくまで、じっくりと炒める。

3　2に水を入れ、煮立ったら浮いた油分を取り除く。

4　かたくり粉をまぶした鶏ささ身、春雨、長芋の順に3に入れ、Aで味をつけ、こしょうをふって出来上がり。

☆長ねぎを弱火でゆっくり炒めるのがコツ。

器／朱漆合鹿椀（口径14センチ）
佐藤阡朗作

材料（4人分）

長芋　5センチほど
春雨　40gほど
鶏ささ身　3枚
長ねぎ　大1本
サラダ油　大さじ2
水　4と1/4カップ
こしょう　適宜
日本酒　少々
かたくり粉　少々
A：
しょうゆ　大さじ2
オイスターソース　大さじ2
塩　小さじ1/4
日本酒　大さじ1

帆立、揚げなす入りそうめん

教えてくれた人／染谷康子

花を愛する染谷さん。
〝花を生けること〟を極めていくうちに、花生けを作るために陶芸も手中にし、またたく間に、個展を開催。料理もおいしい品々を、手早く作られます。何につけても、勘所を押さえるセンスに優れた方。

作り方

1 Aをふっとうさせ、かつおぶしを入れて漉し、そうめんつゆを作って冷やしておく。

2 なすは食べやすい大きさにし、素揚げしておく。

3 汁気をきった帆立と2を1に2～3時間、漬けておく。

4 ゆでたそうめんに3をかけ、好みでBの薬味を加えていただく。

☆めんつゆは好みで甘味を加減してください。干し帆立を使うと、おいしさが増します。

器／青磁菱型鉢（長径23センチ）
太田 貢作

材料（4人分）

- 帆立貝水煮缶 小1個
- なす 大2個
- そうめん 6束
- 削りかつおぶし 適宜
- A
  - 水 2カップ
  - しょうゆ 1/2カップ
  - みりん 1/4カップ
  - 日本酒 1/4カップ
- B
  - みょうが 適宜
  - ねぎ小口切り 適宜
  - 白ごま 適宜
  - おろし生姜 適宜

変型の器

一器多様、使い回しのきく器は、器を揃えるときの基本ですが、使い勝手のよさと収納がいい、だけで選んでもつまらないものです。

変形のもの、高台付きのものなどを取り混ぜると、食卓のアクセントになり、メリハリも生まれます。

たとえば、おひたしや和えものがよそゆきの顔をしてくれたり。お刺身なども丸皿では、かっこうがつきにくいけれど、変形皿は「間」をうまく作ってくれます。ほかにも盛り付けの難しいと思われるものを、変形皿を使ってぜひ、試してみて下さい。

料理の腕前が少々上がった気分にさせてくれるはずです。

❶ 青磁鎬六角皿　太田 貢
❷ ぶどう文楕円鉢　九谷青窯
❸ 葉脈文長方皿　中尾郁夫
❹ 色絵花文鮑型向付　中尾郁夫
❺ 白磁六寸角皿　九谷青窯
❻ 色絵更紗文楕円皿　正木春蔵
❼ 白磁細長皿　九谷青窯
❽ 青磁三角型鉢　太田 貢
❾ 南蛮焼締長皿　大西菊夫
❿ 若松文菱皿　山口利枝
⓫ 山水文ばい貝皿　中尾郁夫
⓬ 黒唐津鉢　吉田 明
⓭ 練込長角鉢　臼田治子
⓮ 粉引台皿　川淵直樹
⓯ 黒釉高杯　恩塚正二
⓰ 粉引編笠小鉢　溝口 勇
⓱ 南蛮焼締片口小鉢　川淵直樹
⓲ 染付更紗文向付　正木春蔵
⓳ 染付花芯文高台皿　岩永 浩

手軽な漬け物

作るのが難しそうなどと、敬遠されがちな漬けものですが、
手軽に仕上がる、こんな品々はいかがでしょう。
一夜漬けから一年ものまで。待つ時間もうれしい――。

青とうがらし麹漬けと切り干し大根漬け

教えてくれた人／奈良千秋

静かな語り口そのままの、白磁の器を作られる奈良千秋さん。人とお酒を愛し、いつもやさしい表情。おだやかに日本酒を呑まれる姿もすてきです。

「うつわや」での個展の折りに、持っていらしたのがこの麹漬け。早速作ろうと意気込んだけれど、ときは二月。青とうがらしが八百屋に出る、秋まで待っての挑戦でした。

材料

青とうがらし　20本ほど
麹　200g（1袋）
しょうゆ　2と1/2〜3カップ
大根　2本

作り方

1 青とうがらしを小口切りにし、麹は小さく割るように崩しておく。

2 熱湯で消毒した瓶に、麹と1の青とうがらしを交互に重ねて入れて行き、しょうゆをひたひたになるまで加える。これを二ヶ月寝かせる。

3 二ヶ月後の三〜四日前に、切り干し大根を作る。大根を5ミリくらいの厚さのいちょう切りにしざるに広げて三日ほど、天日干しをする。大根二本がこんなに！と思うほど、量が少なくなる。

4 二ヶ月寝かせた2の汁だけで、切り干し大根を漬け込む。

☆切り干し大根漬けはそのままでいただき、汁を出してしまった青とうがらし漬けは、豆腐やきゅうりなどに添えて。鍋のときの薬味にしても、そのまま酒の肴にしてもおいしい。

器／白磁耳付皿（長径12.5センチ）
奈良千秋作

大根と柚子の一夜漬け

教えてくれた人／中村弘子

要介護のお姑さまとの生活が長く、「遠出は出来ないの」とおっしゃる中村さん。銀杏の殻を叩いて植木鉢に入れておくと、夏ごろ、かわいいイチョウの木々の姿が楽しめるなどと、身近な空間に、小さな喜びを見い出す才のある方。

この一夜漬けにも、中村さんらしい工夫がひそんでいます。

作り方

1 大根は皮をむき、拍子木に切る。

2 柚子皮は細めの千切りにする。

3 Aに、はちみつを混ぜる。

4 1と2を混ぜ、3をかけて重しをして一晩おく。

☆はちみつがかくし味になって、味に深みが加わります。

器／黒釉平鉢（口径13センチ）恩塚正二作

材料（4人分）

大根　大1/4本

柚子皮　1/4個分

A
- はちみつ　小さじ1/2
- 酢　大さじ2
- だし汁　大さじ1
- 塩　小さじ1/3強

きんかん焼酎漬け

教えてくれた人／井下田禮子

長い付き合いなのに、互いの料理好きを知ったのは、今から三年ほど前のこと。その後、いただいたこのきんかん酒のおいしさといったらありませんでした。ふだん使うみりんまで自家製、という井下田さんに、豊かな料理センスの、母上の姿が透けて見えます。

材料

きんかん　1kg
砂糖　500g
レモン1個分の汁＋酢　1カップ
焼酎　4と1/2カップ

作り方

1 きんかんを洗い、一ヶ所に切れめを入れ、沸騰した湯で3分ゆで、ざるに上げる。
2 1と砂糖、レモン汁、酢、焼酎を鍋に入れ、10分煮る。煮立ったら弱火にし、アクをとる。
3 2を鍋ごと一晩おき、さらに10分煮て、冷めてから冷蔵庫に保存する。
☆氷を入れてオンザロックにしてもいいし、お湯割り、水割りもおいしい。

器／レインモールワイングラス（口径6.5センチ）西山 亮作
白磁輪花楕円豆皿（長径7.5センチ）九谷青窯作

大人の梅酒

教えてくれた人／吉田文子

粉引や三島で定評のある陶芸家、吉田明夫人の文子さん。

打ち合わせの後、ごちそうになったエリンギと新玉ねぎの芽。さっと炒めて、明さんの三島大皿に盛ってくださった豪快な美しさと、おいしさが忘れられません。

この梅酒も、工房のある東京郊外・青梅生まれの、砂糖を使わない、ちょっと大人の味です。

材料
青梅　2kg
みりん　1ℓほど

作り方
1 梅をよく洗い、水分をふきとり、消毒した容器に入れて、梅がかぶるくらいまでみりんを入れ、ふたをして一年ほど寝かせる。

☆みりんは本醸造もので、そのまま飲んでもおいしいくらいの品を。砂糖と焼酎で作るふつうの梅酒と違い、古酒のような味わいのある、とびきりの梅酒になります。

器／刷毛目タンブラー（口径7.5センチ）
西山 亮作

「うつわ」の作り手たち

おいしくて気が利いた料理を、
いっそう引き立ててくれるのがすてきな器たち。
この本に登場したそんなやきもの、ガラス、漆などの作り手のプロフィールを、ざっとですがお伝えします。（敬称略）

〈やきもの〉

甘利　紘（あまりひろし）

１９４３年長野県小諸生まれ。工芸大学卒後、デザイナーとして大倉陶園に入社。その後笠間で陶芸を学び１９７５年小諸に築窯。近くのゴルフクラブ工場から出る柿の木を灰にして工夫した黄柿釉のポット、カップ、湯呑みは彼ならではのもの。小川が流れる広大なご自宅の敷地には、なだらかな斜面を利用した野外の舞台があり、ジャズコンサート等を主催なさる。
p. 15

岩永　浩（いわながひろし）

１９６０年肥前有田生まれ。陶工の家に生まれ、父に細工を習い、水墨画の師につき、古窯跡で集めた陶片に学ぶ。代々の名工の志を継承しつつ、独自の表現もものにしている。ミュージシャンのような風貌で、大きな犬と有田の町を闊歩する姿は、かっこいいと近くに住む陶工の話。染付では、今、指折りの作り手。p. 7／16／20／59

臼田けいこ（うすだ）

１９５３年東京生まれ。商社の企画・営業の仕事を経て、実姉臼田治子の影響を受け、窯業訓練校へ。その後渡辺朝子氏に師事し、１９９２年静岡県森町に築窯。青田が広がり、鮎・鰻の採れる川を望むのどかな風景の中で、刀鍛冶のご主人と一粒種の坊やと暮らす。薪窯で焼く瑠璃釉の器は彼女独特の奥深い色合いで、野菜料理やイタリア料理を見事に引き立てる。
p. 55

臼田治子（うすだはるこ）

１９５０年東京生まれ。窯業訓練校を経て１９８１年東村山に築窯。練り込み・象嵌を得意とするが、最近は青化粧・藁灰の小壺を薪窯で焼いた作品で、新境地を拓く。テレビを置かず玄米を食べ、太極拳を続けるなど、健康的でシンプルな生活をなさっている。p. 27／71

海野　裕（うみのゆたか）

１９５３年川崎市生まれ。有田・唐津にて修行後、九谷青窯に勤務。１９９６年独立して石川県辰口町に築窯。グレーがかった暖か味のある生地を生かし、染付・白磁のさりげない、使い勝手のいい器を作る。名は体を現す如く、ゆったりとした人柄。
p. 23

太田 貢（おおたみつぎ）

１９５９年山形県生まれ。窯業訓練校を経て、多治見・瀬戸の製陶会社で照明・花器などを製作。１９８９年瀬戸に築窯。「うつわや」では、青磁の器のみ扱うけれど、型を使った造形的な作品も得意とする。さまざまなコンペに出品し受賞も多い。先日私が訪れた折には、何と便器を制作中だった。ｐ．79

大西 菊夫（おおにしきくお）

１９６２年奈良生まれ。奈良教育大で陶芸を専攻後、京都市工業試験場で研修、寄神宗美・神山易久氏に師事。その後川淵直樹氏の蛇窯で南蛮焼締の窯焚きを学ぶ。１９９５年奈良に築窯。粉引の他に、やわらかい黒の来待釉や南蛮焼締の器は、その薄さからくる軽やかさが特徴。週末は、中学生の子息の野球チームで世話係りをなさる。ｐ．25／79

恩塚 正二（おんづかしょうじ）

１９４６年福岡県生まれ。大阪芸大を卒業して13年後、37歳で作陶を志し、多治見の工業高校の窯業専攻科に入る。１９８６年福岡県田川市に築窯。「轆轤は大好き」とのことだが、ここ10年は手捻り一筋。粉引・刷毛目・黒釉・白釉で、手捻りならではのモダンでシックな作品を生む。ｐ．66／85

川淵 直樹（かわぶちなおき）

１９４６年奈良生まれ。和光大学芸術学科卒業後、作陶を始め、１９７６年京都府下童仙房に蛇窯（半地下式単房長窯）を築く。粉引・南蛮焼締・長石釉を得意とし、蹴轆轤でひく作品の緩やかな線が美しく、殊に南蛮焼締の板皿は逸品。人里離れた林の中の住まいで耳にした、朝の鳥の声、夜の音のない音が印象的だった。ｐ．43／61／62

九谷青窯（くたにせいよう）

１９７２年、秦耀一氏が若手陶工と共に石川県・寺井町に開業。青二才が集まったのでこの名がついたとか。日々の暮らしに楽しく使える、さりげない器作りをモットーに、多くの作品と陶工を世に送り出した。30数年前、日常の食器業界に新風を巻き起こした人々は、現在も「今の生活」にふさわしい器を研究し続けている。ｐ．29／87

清水なおこ（しみず）

１９７４年大阪生まれ。１９９７年京都精華大学美術学部陶芸科卒業後藤塚光男氏に3年半師事。２０００年亀岡市で独立築窯。「土ものと喧嘩せず、漆器とも合い、毎日使ってもらえる器」をモットーに染付磁器に絞って作陶。殊に花の筆使いがいい。白磁を造られるご主人と二人で工房を持たれて三年になる。p.23

鈴木 敬夫（すずきたかお）

１９５６年三重県生まれ。窯業訓練校を経て、瀬戸・常滑で修業。その後4年間、九谷の須田青華窯で作陶。１９９１年加賀市須谷で独立築窯。磁器の染付・色絵は古典柄を踏まえた独自の柄が軽やか。多くの絵柄を持つ飯碗は、いろいろ工夫もあり、軽くて手持ちがいい。現在は、白山連峰を臨む柴山潟近くで、由香里夫人と二人三脚で作陶されている。p.23／68

竹内 真吾（たけうちしんご）

１９５５年瀬戸市生まれ。窯業訓練校を経て加藤春鼎氏に師事し、１９８２年瀬戸で独立築窯。炭化焼締に銀彩・象嵌を施した食器の他に、造形的な花器・オブジェも得意とする。やわらかい黒のマットな生地に銀彩を施した、シンプルな皿はロングセラー。お酒が入ると議論好きになり、作り手の思いを熱く語る。p.68

中尾 郁夫（なかおいくお）

１９５９年愛知県生まれ。窯業訓練校を経て瀬戸に築窯。古典の継承者として優れた腕を持ちつつ、「温故創新」を旨とし、染付・色絵磁器を研究、発表。夫人の故郷・台湾へ帰省の度に、故宮博物館で勉強をなさる。食の器の他に最近は色絵香炉・香立てなどを制作。今の暮らしにもしっとり納まる作品だ。p.7／53

奈良 千秋（ならちあき）

１９５０年秋田県生まれ。窯業訓練校を経て、四国の大谷焼・九谷青窯で作陶。１９８６年長野県真田町に築窯。染付もされるが、奈良さんと言えば、やはり白磁。人柄そのままにやわらかな白生地を生かし、鎬・面取り・陽刻陰刻の手法が冴える。昨秋、開かれた「うつわや」での白磁仏具展も好評。釣りが趣味で、手製の毛針がまた美しい。名前から間違えられやすいが、男性。p.9／83

陶房ななかまど 小林かのこ（こばやし）

１９６８年東京生まれ 美大陶磁器コース 卒業後、窯業訓練校を経て、九谷青窯に4年勤務。１９９８年、陶工の小林大氏と結婚を機に、二人で金沢市郊外に築窯。夫人が土鍋・キャセロールを、ご主人は食器を、と分業して作陶なさる。料理することが楽しくなって、温かい気持ちになれる器作りが夫妻のモットーとか。p.37

東 直人（ひがしなおと）

１９５０年北九州市生まれ。大学では農学部に所属。その後窯業訓練校を経て瀬戸の製陶会社に勤務。１９７９年母校の訓練校で講師となり豊田市に築窯。織部・赤楽・黄瀬戸・荒白磁の作品は、伝統の味を残しながら、現代の食卓に添う作風だ。日常では敬遠しがちな織部も、この方の器は、料理がよく映え、使い勝手もいい。p.61

福森 雅武（ふくもりまさたけ）

１９４４年三重県阿山町生まれ。江戸時代から続く伊賀丸柱の土楽窯七代目当主。名高い土鍋の中でも、ステーキの焼ける黒鍋は、見映えも用途もすぐれもの。鍋の他に、使うほどに表情の増す、さりげない器も数多い。花を生け、料理をし、器を作るという心豊かな暮らしぶりは、多くの人を惹き付けてやまない。雅武作ｐ．33　土楽窯作ｐ．31／62

福永 芳治（ふくながよしはる）

１９４９年鹿児島県生まれ。40歳まで出版社で編集者として勤務。35歳から始めた趣味の作陶を職業にすべく、退職し、信楽の「ら工房」で修業。１９９２年飯能に築窯。２年後、山梨県武川に移転、南蛮焼締の窯も築く。粉引・刷毛目・鉄彩・長石釉・藁灰釉・南蛮焼締のシンプルでさりげない作品が多く、若い人にも人気が高い。ｐ．13

藤塚 光男（ふじづかみつお）

１９５２年滋賀県長浜生まれ。学生時代、秦秀雄氏に出会い、その縁で九谷青窯に勤務作陶。その後、九谷の田中信行氏に師事し、１９８８年京都府亀岡市で独立築窯。初期伊万里の持つ自然で自由な雰囲気を目標にした、染付・白磁・瑠璃釉の素朴で暖かみのある器は、人柄そのままが伝わってくるよう。ｐ．23

正木 春蔵（まさきしゅんぞう）

１９４７年石川県山代温泉生まれ。大阪芸大陶芸科卒業後、多治見・土岐市にて美濃焼を研究。１９７０年より須田青華氏に師事。１９７６年独立、山背工房を設立し、磁器で主に食器を作陶。１９８０年石川県江沼郡山中町に移転築窯。九谷の彩色を現代の食卓に合う色使いにした洒脱な作品は、染付共々、評判が高い。山間の、のどかなたたずまいの暮らしが似合いの方。ｐ．41

松永 泰樹（まつながたいき）

１９５５年名古屋市生まれ。窯業訓練校を経て、マレーシアの製陶会社に勤務、その後メキシコで作陶を指導。１９８５年多治見に築窯。白磁・彩色磁器の食器に加え、最近作、白土シリーズの花器や食器は、フォルムが美しく白が優しい。みどり夫人も同業。ｐ．18

溝口 勇（みぞぐちいさむ）

１９６２年東京生まれ。大学で彫刻を専攻後、高校の美術教師の職に就く。陶芸家の両親の影響もあり、１９９４年から作陶を始め、川淵直樹氏に師事。１９９９年掛川市で独立、築窯。粉引・鉄彩・刷毛目・長石釉のシンプルな作品が中心だが、南蛮焼締の窯の完成も近い。茶畑の広がる集落で、祭りや運動会などの世話役も引き受け、土地に根を下ろしている。ｐ．74

村上 躍（むらかみやく）

１９６７年東京生まれ。美大の陶磁器科を卒業後、現代アート作りに従事。１９９８年より陶器の作品展を始める。花器・食器いずれも軽やかでモダンな手捻りの土もの。村上さんイコール・ポット・と言われる程、その人気が高いのは、見た目のかっこ良さに負けない機能を備えているから。陶箱など楽しい作品もある。ｐ．64

山本　博（やまもとひろし）

１９４８年東京生まれ。美大卒業後、家具デザイナーとして家具屋に10年勤務。その後窯業訓練校に学び、瀬戸で独立、１９９０年山梨県勝沼町に築窯。グレーがかった生地を生かした陶胎染付は、磁器にはない、やわらかさ、暖かさをもっている。殊に菊唐草文シリーズは、20年来の人気もの。ｐ．39

山口　利枝（やまぐちりえ）

１９７７年鹿児島県生まれ。短大美術デザイン科卒業後、陶芸専攻科を出て、藤塚光男氏に師事し、染付・白磁を三年間学ぶ。２００２年、故郷鹿児島日置市で独立、築窯。「若い人に気軽に使ってもらいたい」と、優しい味わいの染付・白磁の器を、吹き上げ浜の見える工房でゆったりと作陶。いつも一所懸命な姿が印象的な方。ｐ．81

吉田　明（よしだあきら）

１９４８年東京・青梅市生まれ。中学の授業でやきもの作りに目覚め、独学で窯を作り、高校時代は作陶で過ごす。窯業訓練校を経て、愛媛・有田で修業。八王子で22年、青梅で５年、日の出町で８年の歳月を過ごす。「住んでいる土地の土を使って作る」が吉田さんの主義。唐津・織部・赤絵・粉引・刷毛目を、どの土地の土でもこなしてしまう。ことに三島は逸品揃い。やきものを作るために生まれてきたような存在。ｐ．73

〈ガラス〉

西山　亮（にしやまりょう）

１９５５年札幌市生まれ。デザイン学校を出て、舩木倭帆氏に４年間師事し、宙吹きガラスを学ぶ。１９８３年独立、北海道長沼町に工房「ｇｌａｓｈａｕｓ」を設立。単色のガラスに、刷毛目・しずく・レインモール等の細工を施した作品は、その影も美しい。口縁をカッティングした独特の手法の鉢は、食器や花器として、使い手のセンスを盛り立ててくれる。北海道ならではの田園の中に、工房と住まいの二棟が建つ様は、絵のような風景。ｐ．11／49／87／89

〈漆〉

佐藤　阡朗（さとうせんろう）

１９４２年青森県生まれ。美大彫刻科在学中に松田権六、呉藤友乗氏に師事。１９７２年木曽平沢で工房を設立し、独立。奇を衒うことのない美しい形の奥に豊かな技量とセンスが見える。「いい木地が入ると顔が綻ぶ」と、厳しい作業を楽しそうに一所懸命語られる。木地屋、和紙屋、漆掻く人がいて、塗師があることをいつも心に留めている、もの造りに思いのあつい方。ｐ．76

〈鉄〉

釜定（かまさだ）

明治の頃、盛岡に「宮鉄瓶店」として創業。代々、店主自ら意匠・製作にあたり、昔ながらの技法で造る鉄瓶を中心に、現代の暮らしに添う鉄鍋や工芸品の数々を手がけている。無駄な装飾を省いた意匠は、鉄製品のイメージを身近なものにしてくれる。ｐ．35

あとがきに代えて

「あなたはいつも、レシピをノートしてるから、本にまとめられるといいのにね」お客様のこの一言がきっかけでした。

無芸好食で生きてきた者にこのようなチャンスを与え、かたちにして下さった、ベテラン編集者の萩原薫さん。美しい目線でいつも穏やかに撮って下さったカメラマンの梶洋哉さんは、装丁も「うつわや」らしいものにして下さいました。お二人の人柄と豊かな経験により撮影現場には、春・夏・秋・冬と重ねたどの折りも、気持ちのよい空気が流れていました。読者の方々にそれが伝われば、うれしいことです。

今回は登場かなわぬ方も含めてレシピを教えて下さった方々、自由に作らせて下さった出版社ラトルズの黒田庸夫さん、萩原さん、梶さん、心より感謝いたします。又、この本の誕生を喜び、励まし、背中を押して下さった方々のことも、深く心に刻んでいます。

「お母さん、昨晩何を食べましたか?」「さあ、何だったかしらね。でもおいしかったことだけは、憶えてるわ。」85歳で突然逝った母と娘の最期になったやりとりでした。私もそうありたいと願っています。

あらかわゆきこ

「うつわや料理帖」

2006年9月27日　初版第1刷発行
2011年9月15日　初版第2刷発行

著者／あらかわゆきこ
写真・デザイン／梶 洋哉
企画・編集／萩原 薫

発行者／黒田庸夫
発行所／株式会社ラトルズ
102-0083 東京都千代田区麹町 1-8-14麹町YKビル3階
Tel 03-3511-2785
Fax 03-3511-2786
http://www.rutles.net
ISBN4-89977-164-9